Wolfgang Amadeus Mozart
(1756-1791)

Sonaten, Fantasien und Rondi

für Klavier · for piano · pour piano

I

Urtext

Herausgegeben von · Edited by · Edité par
István Máriássy
K 103
Könemann Music Budapest

INDEX

I

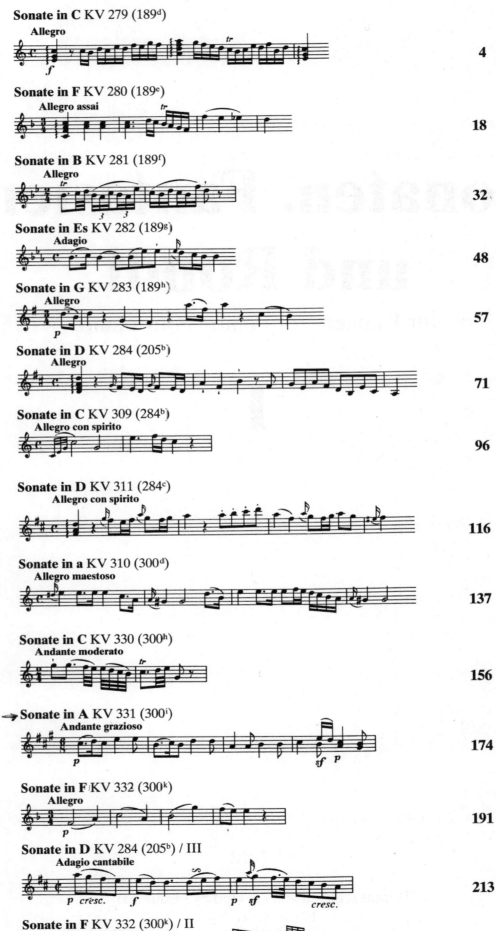

INDEX

II

Sonate in C

KV 279 (189ᵈ)

München, 1775

Allegro

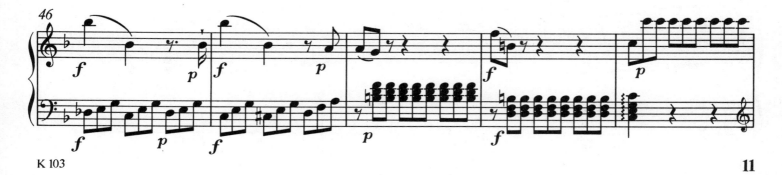

K 103

Allegro

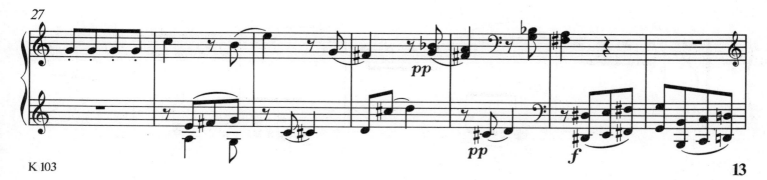

16

Sonate in F

KV 280 (189ᵉ)

München, 1775

Allegro assai

K 103

20

22

24

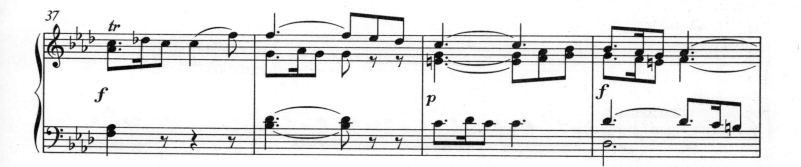

Presto

K 103

Sonate in B

KV 281 (198ᶠ)

München, 1775

32

K 103

Andante amoroso

K 103

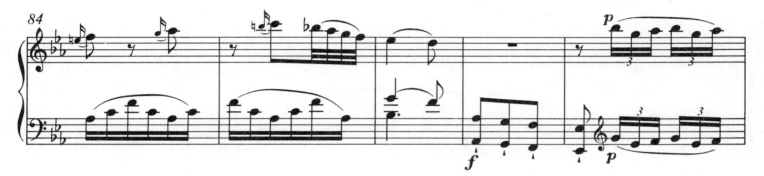

K 103

Rondeau
Allegro

44

83

87

92

97

102

106

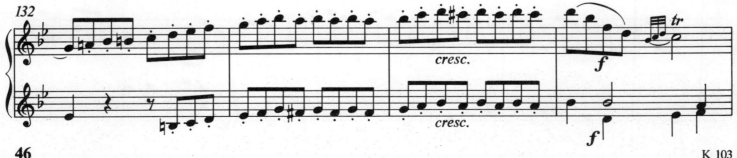

46

Sonate in Es

KV 282 (189g)

München, 1775

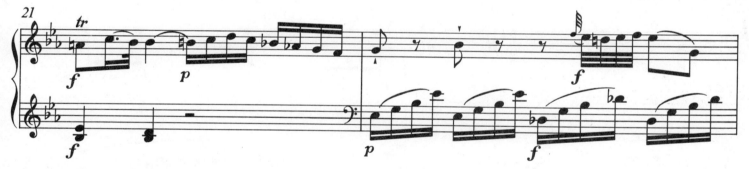

K 103

Menuetto I

K 103

51

Menuetto II

Menuetto I da capo

Allegro

K 103

Sonate in G

KV 283 (189^h)

München, 1775

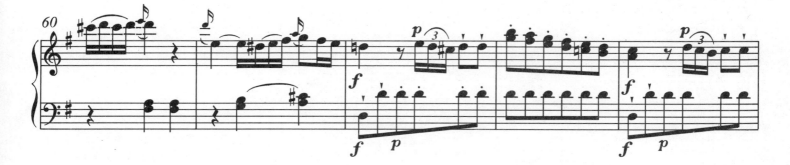

K 103

Andante

K 103

Presto

Coda

70

Sonate in D

KV 284 (205ᵇ)

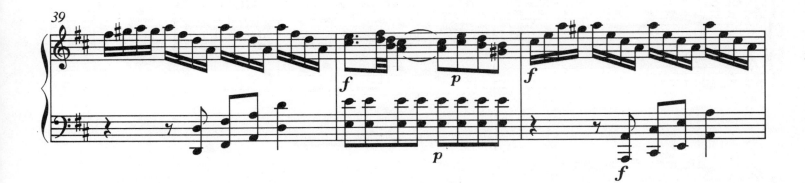

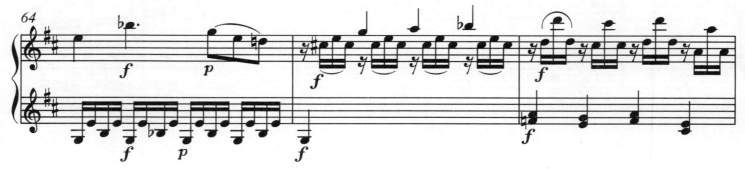

74

76

Rondeau en Polonaise

Andante

Thema
Andante

Var. I

Var. II

Var. III

Var. IV

Var. V

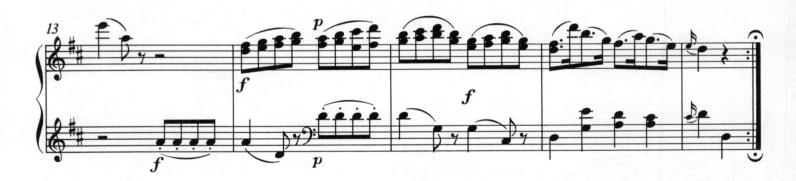

Var. VI

K 103

Var. VII

Var. VIII

Var. IX

Var. X

90

K 103

Var. XI

Adagio cantabile

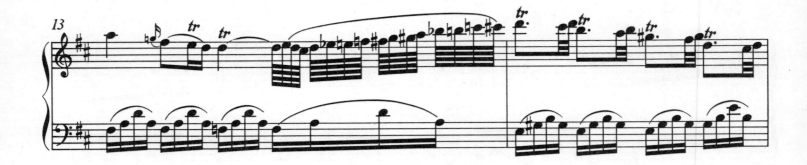

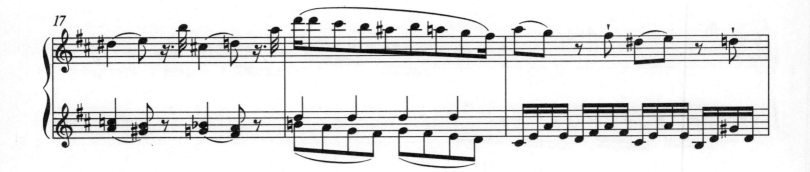

92

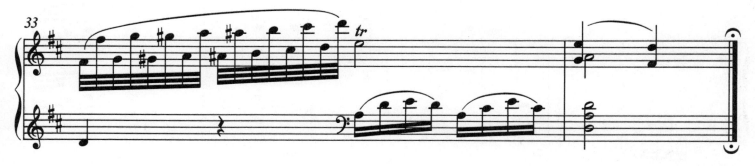

Var. XII

Sonate in C

KV 309 (284^b)

Mannheim, 1777

Allegro con spirito

K 103

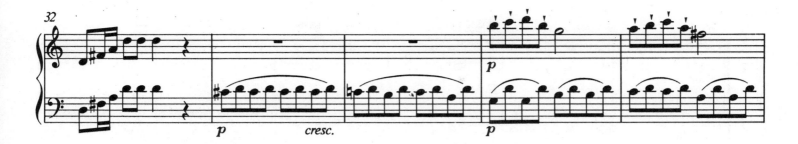

K 103

97

100

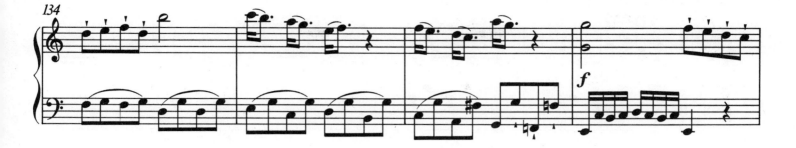

Andante un poco adagio

K 103

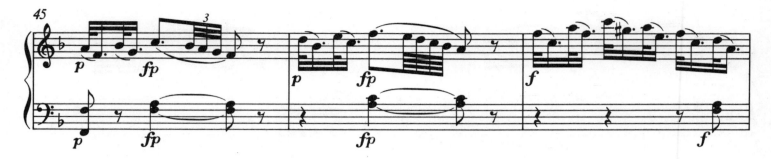

Rondeau

Allegretto grazioso

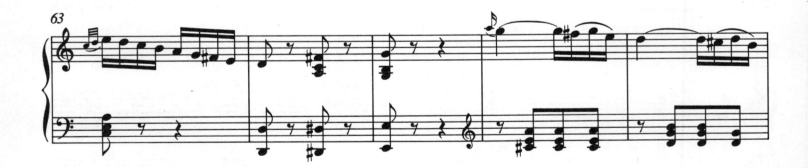

K 103

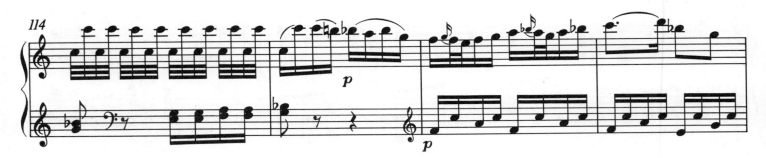

112

175

178

181

184

188

192

K 103

113

114

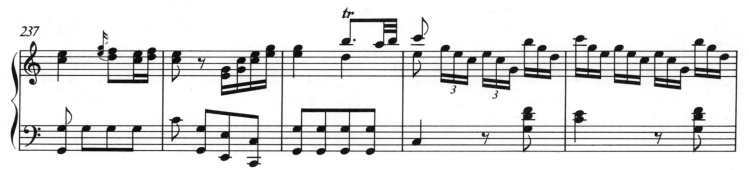

K 103

Sonate in D

KV 311 (284ᶜ)

Mannheim, 1777

Allegro con spirito

K 103

118

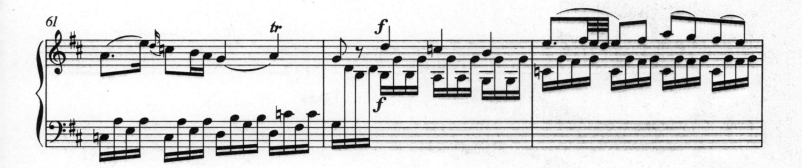

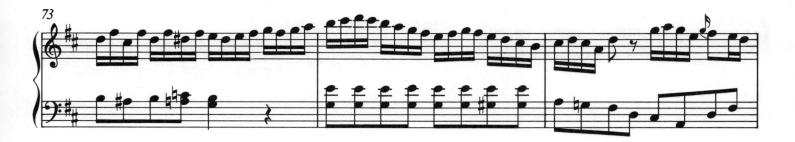

120

96

99

103

106
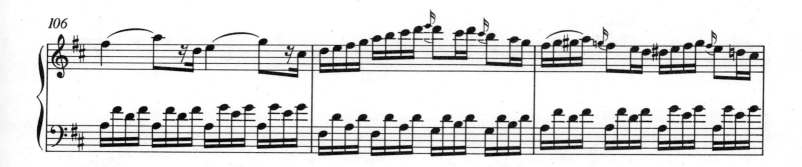

109

Andante con espressione

K 103

124

Rondeau

Allegro

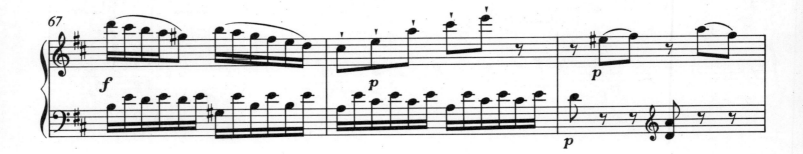

128

130

132

K 103

134

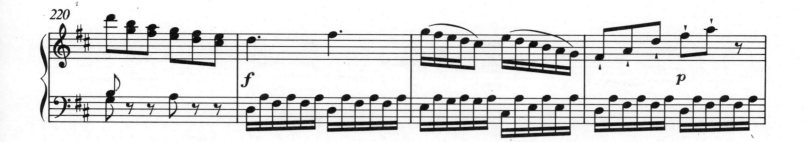

Sonate in a

KV 310 (300ᵈ)

Paris, 1778

Allegro maestoso

142

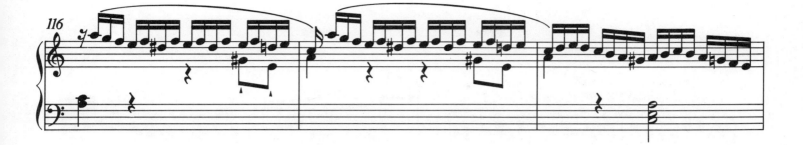

Andante cantabile
con espressione

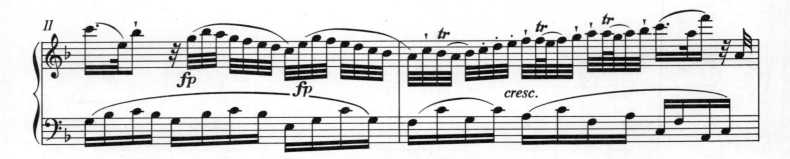

144

K 103

145

146

K 103

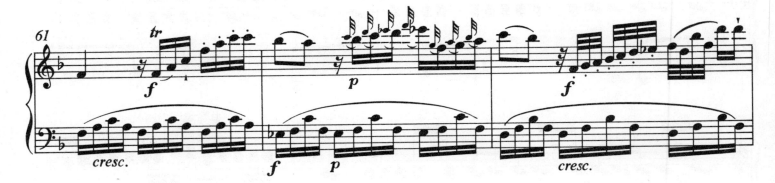

148

K 103

Presto

80

88

96

104

112

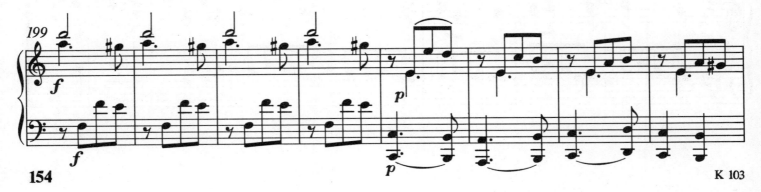

154

207

215

223

230

237

245
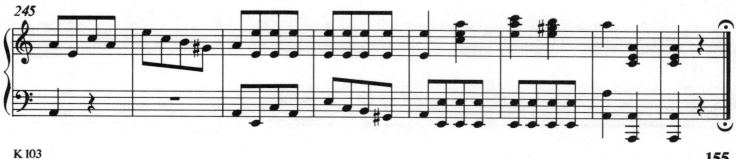

Sonate in C

KV 330 (300ʰ)

Wien (Salzburg), 1783

Allegro moderato

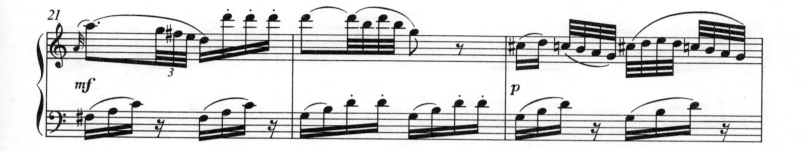

K 103

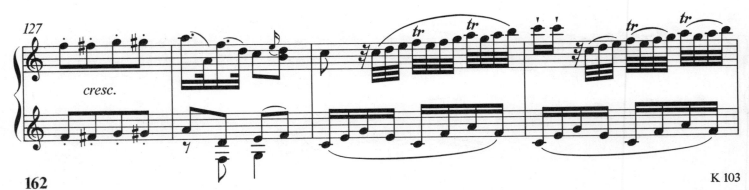

162

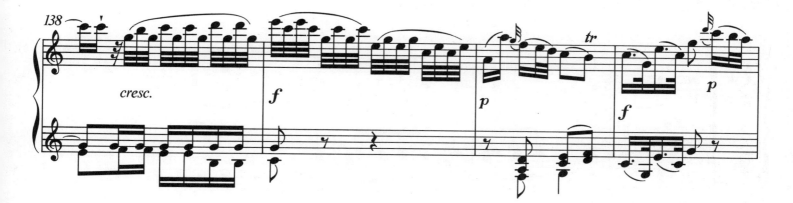

Andante cantabile

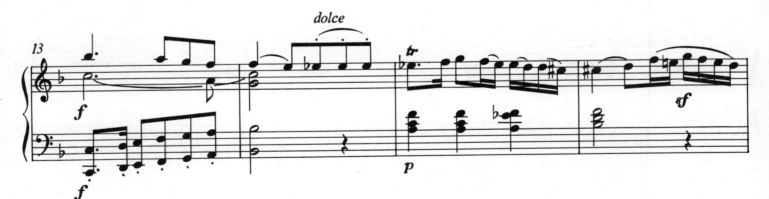

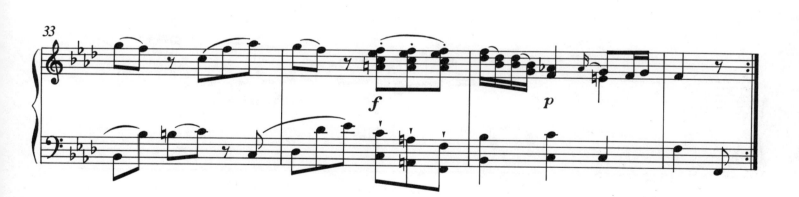

Allegretto

170

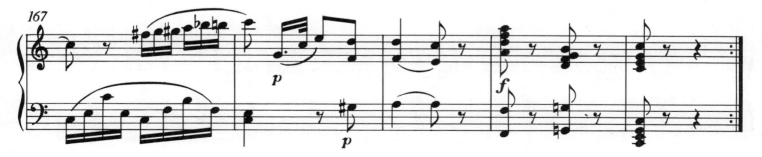

Sonate in A

KV 331 (300ⁱ)

Wien (Salzburg), 1783

Var. I

Var. II

Var. III ✓

Var. IV

178

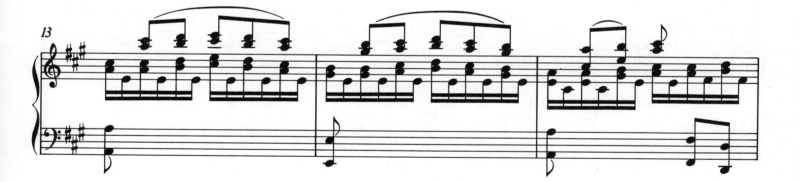

Var. V

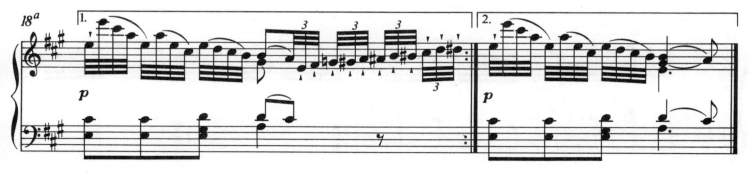

Var. VI

Allegro

Menuetto

Trio

Menuetto da capo

Alla Turca
Allegretto

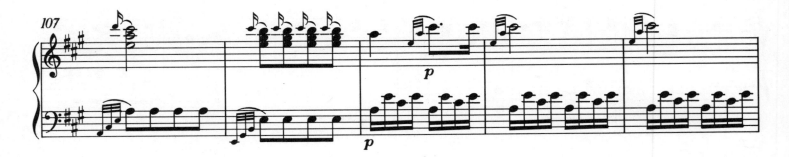

190

Sonate in F

KV 332 (300ᵏ)

Wien (Salzburg), 1783

194

196

202

207

213

219

222

225

Adagio

198

K 103

K 103

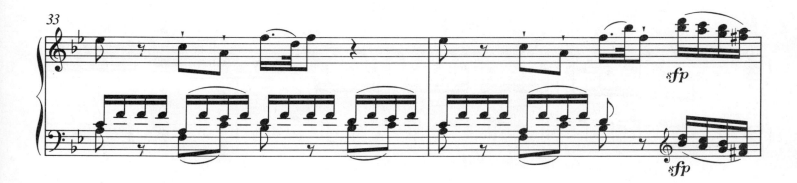

K 103

Allegro assai

K 103

K 103

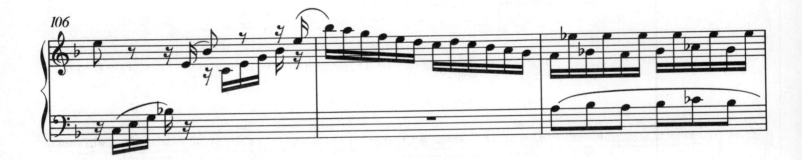

K 103

208

K 103

210

APPENDIX

1) Sonate in D

KV 284 (205^b) / III*

2) Sonate in F

KV 332 (300^k) / II**

* Version of the first print / Fassung nach dem Erstdruck / Version selon la première edition - Toricella, Wien, 1784

** Version of the first print / Fassung nach dem Erstdruck / Version selon la première edition - Artaria, Wien, 1784

Sonate in D

KV 284 (205ᵇ)/III

Var. XI

Adagio cantabile

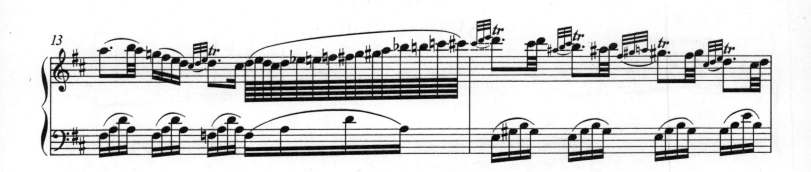

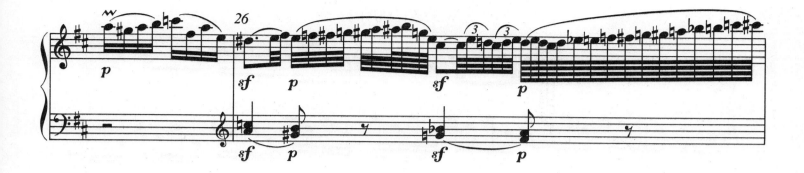

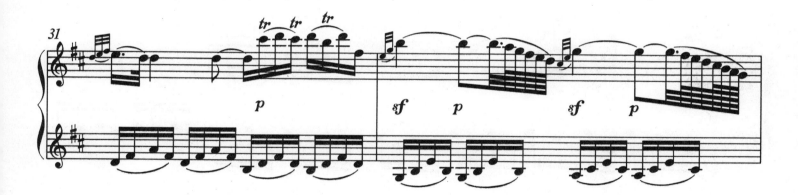

Sonate in F

KV 332 (300ᵏ)/II

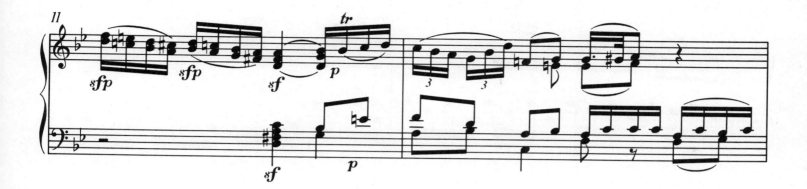

218

© 1993 by Könemann Music Budapest Kft. · H–1027 Budapest, Margit krt. 64/b.

K 103/2

Responsible co-editor: Tamás Zászkaliczky
Production: Detlev Schaper
Technical editor: Dezső Varga
Cover design: Peter Feierabend
Typography: RZ - Werbeagentur
Engraved by Kottamester Bt., Budapest: Balázs Bata, Eszter Csontos, Dénes Hárs, Mrs E. Korona

Printed by: Kner Printing House Gyomaendrőd
Printed in Hungary

ISBN 963 8303 00 X